AF211031

Känslosvall

Av Sanna Ivarsson

FSC
www.fsc.org

MIX

Papper från
ansvarsfulla källor
Paper from
responsible sources

FSC® C105338

Till dem som får mig att känna

allt det jag skriver om

Del 1

Regnmoln

Gatans gråsprängda stenar

bär på minnena av mina

ångestfyllda fötter

som sakta men säkert

blev till fotspår

i morgondimman

Och jag vill bara skrika ut

min ångest i ditt bröst

och hoppas att den inte träffar dig

för hårt

För det handlar om att

någonting som inte är mitt eget

tränger sig på

inifrån

Jag önskar att min kropp och jag

kunde skiljas åt ett tag

och ses någonstans längs vägen

där vi är rätta

för varann igen

En dag hoppas jag

att jag kan mäta mitt värde

på andra sätt

än i betygspoäng

och bh-storlek

På sexualkunskapen lärde vi oss

om kärleken till varandra

men aldrig om kärleken

till sig själv

och definitivt inte

om avsaknaden av den

Så allt jag hoppas på

är att jag en dag inte börjar

hata mig själv

En dag

kommer jag inte längre

att känna såhär.

Jag vet inte vad

som kommer att hända

men det måste i alla fall

vara bättre än detta.

Det bara

måste.

Jag tänker ofta på

hur lycklig jag måste ha varit

när jag inte ens visste att jag var det

"Hiss för högst 300 kg".

Jag vågar inte gå in de dagar

det känns som att mitt hjärta väger

ett ton.

Ett hjärta av sten

är allt annat än starkt

det kommer bara att sjunka ensamt

till botten

Jag bär bara smycken

jag fått av dem

som påstått att de älskat mig

som en påminnelse om

att ingenting varar

för evigt

Och jag vet att ingen

kan ge mig allt.

Jag önskar bara

att någon

kunde ge mig något

Du lyfte upp vårt täcke

med händerna som för inte alls

så längesedan

utforskat varenda millimeter

av min kropp.

Försiktigt drog du undan det

och tog dig sakta bort

från våra ömma stunder

och ihoptrasslade känslor.

Ljudet utav dörren

som stängdes bakom dig

letade sig in till djupet av min själ.

Jag låg kvar i sängen

med huvudet bland molnen

och hjärtat fast i halsgropen.

Krossa mitt hjärta

innan jag krossar ditt

så du slipper sitta där

och laga det

med silvertejp

och lim

Tänk om det visar sig

att du är den rätta

men inte

jag?

Jag vågar varken släppa dig

eller hålla dig för hårt

så jag fastnar i mitt vakuum

där jag inte vet hur länge

du kommer att orka stanna

innan du inser att det är

alldeles för svårt

att älska mig

Jag tror att det ligger något

kallt mellan oss

som håller oss ifrån varandra

likt vårisen

som inte riktigt smält än

Jag kommer inte att älska dig.

Jag kommer att hålla dig hårt när du

gråter

förstärka ditt skratt med mitt

ta dig till nya höjder

och lyfta dig ur dina djupaste dalar.

Men jag kommer inte

att älska dig.

Jag gav upp på kärleken

för alldeles för längesen

och jag tänker aldrig någonsin

utsätta dig för den.

Jag är rädd att vi inte ens

kommer hinna bygga upp någonting

innan vi går sönder

likt tunna glasskärvor

mot den svarta asfalten

Mina läppar möter bara dina

i flyktiga ögonblick

knappt längre värda

att bevara

Jag är så jävla redo

att gå sönder i din famn

om du bara

låter mig

Kanske är vi

av samma skrot och korn

och klarar helt enkelt inte av

ett adjö

Jag berättade det aldrig

men jag var alltid rädd

för att hamna i ett hem

med låsta dörrar

dit bara dina nycklar passade

Du har en förmåga att

komma innanför min hud

när jag som allra mest försöker

hålla dig utanför

Vi präglades av en osäkerhet

som gjorde att

det enda vi var säkra på

var att ingen av oss visste

vad sjutton vi höll på med

Vi tappade något längs vägen

tills vi inte längre visste

vart vi var på väg

någonstans

Det tar flera hundra år

att skapa en ruin

men du lyckades med mig

på under en minut

Jag vet inte om jag ska klandra dig

för att du lämnade

eller mig själv

för att jag stannade

Jag vet inte vad som är värst:

att ständigt vara ensam

eller att ständigt ha sällskap

av min ångest

Det ligger så mycket mer

än folk tror

bakom konstaterandet

"jag trivs bäst med att vara ensam"

Jag ska aldrig skylla

på ett "oss"

när det inte ens fanns

något "vi"

Jag saknar honom

som kunde beröra mig

utan att behöva använda

sina händer.

Han som berättade hur mycket

han älskade mig

utan att säga det

med ett endaste ord.

Jag skulle vilja visa honom

att jag lärt mig

att det är en särskild konst att låtsas

som om ingenting har hänt

när man praktiskt taget hör hur man

går sönder.

Det sticker fortfarande i mig

när jag hör ditt namn.

Jag undrar

när det slutar.

En liten bit av mig

kommer alltid att vara din.

Kanske är det örsnibben

som du älskade att kyssa

och leka med, med tungan.

Ja.

Den där örsnibben kommer nog

alltid att vara din

även om du aldrig mer

vill ha den.

Jag tittar fortfarande efter dig

reflexmässigt

när bussen stannar vid din hållplats

och varje gång

jag inte ser dig

känns världen lite mera tom

Ibland så tänker jag

att kanske vi gav upp för lätt

men jag hoppas och tror

att jag inte alls har rätt

Ibland

drömmer jag om dig

och när jag vaknar

vet jag inte längre

vart jag ska ta vägen

Jag stod på balkongen
och lutade mig över kanten.
Aldrig har jag känt mig så levande
och så tom
på samma gång.

Jag önskar att någon

kunde krama mig så hårt

att det inte längre känns

att jag går sönder

Ditt skratt kan aldrig ersätta

hans tystnad

Jag önskar att jag kunde berätta

varför jag skriver om dig

som jag gör

Jag orkar inte lyssna mer

på alla dessa sånger

jag gråtit mig till sömns till

så himla många gånger

för varje rad och varje vers

varje refräng och varje ord

bara påminner om smärtan

jag aldrig helt förstod

Men bittra tårar lagar inga
brustna hjärtan

Det ska ju egentligen alltid kännas

som att det är uppförsbacke

annars har du redan nått toppen

och sedan bär det bara utför

Mitt lidande är endast

provisoriskt

och plockas mest fram

när jag vill skapa något

riktigt vackert

Lyckliga människor

skriver inga

vackra dikter

Del 2

Rosenskimmer

Jag är blott en dödlig

sammansättning av atomer

i ett universum utan slut

och jag kollapsar i mig själv

likt en supernova gör

vid födseln

av en stjärna

Jag växte upp i en sandlåda

med en spade och en hink

och jag byggde mina drömmar

utav sand

Om det är något jag har lärt mig

är det att man borde drömma mer

om sånt

som faktiskt kan bli verkligt

Ingen kommer minnas

att du dansade fult

sjöng falskt

eller hade konstiga kläder

men jag lovar

att du kommer minnas

allt du någonsin missat

och avstått från

för något så banalt

som vad andra skulle tycka

Det här är sommaren

jag går ut utan bh

och med orakade ben

tänk att det tog

22 år

en månad

och 16 dagar

Vi kan alla

orden till livets sång

vi sjunger bara falskt

med vilje.

För när musiken börjar spela

och alla förväntas sjunga med

vad är det då för mening

med att inte göra något

helt unikt

bara för att vi kan?

Vi stod med öppna armar

utan att släppa någon nära.

Vår kärlek räckte aldrig till

för vi vågade inte känna.

När världen rördes runt omkring oss

satt vi fast som i ett skruvstäd.

Och vi kände aldrig lyckan

på samma sätt som andra.

Men när alla andra log

så gjorde vi det med.

För med ett leende på läpparna

och ångesten i bröstet

har vi alltid dansat vidare

som om ingenting har hänt.

Men nu torkade du dina tårar

och la din hand i min.

Dina ögon glittrade

och varje spår av rädsla

var försvunnet.

Och du sa

"Jag vägrar tro att det är meningen

att vi ska vara såhär ledsna".

Det var när jag slutade leta

efter det jag trodde att jag ville ha

som jag hittade dig

som gav mig det jag behövde

För jag famlar efter

något äkta

och är rädd för att jag

hittat det

Min hjärna sa åt mig att släppa

men mina fingrar vägrade greppa

någon annans hand än din

Killar är som spilld mjölk –

ingenting att gråta över

Mitt liv är kaotiskt

oorganiserat

och jag vill gärna

sortera det i högar

med dig

Jag vill ändra hela natthimmeln

med en skalpell

och en pensel.

Sätta månen på sin rätta plats

just utanför ditt fönster

placera stjärnorna i dina ögon

och låta dina känslor

beblandas med kometerna.

Det handlar om berusning

under sensommarnätter.

Om stulna kramar på pubtoaletter.

Om ett förtvivlat försök

att hitta något mer

och känslan av att skapa något

som ingen annan ser.

Det handlar om att sitta

på gatugången

och ensamma vänta på

soluppgången.

Med en hand i mitt hår

och den andra i din

så känns allt plötsligt bättre

än någonsin.

Tänk att hjälplöst ramla runt

på Andra Lång en ljummen

sommarnatt

med alkohol och cigarettrök i

kroppen

och ett hjärta som håller mig

sysselsatt.

Och tänk att inte kunna

annat än att le

när jag missar sista spårvagnen hem

för jag vet så väl att det innebär

att då får jag sova hos dig igen.

Och jag ska inte ens förneka

att fyllesnack med dig

när klockan har passerat två

och allting inte längre känns så svårt

är något av det finaste som finns

Kyss mig.

För alla gånger du har velat

men inte kunnat.

För alla gånger

du fått bita dig i tungan.

För alla gånger

du har tvingats sitta still.

Kyss mig

för alla gånger du har sett

att jag så gärna vill.

Mina andetag stals

av dina läppar

Jag minns så väl den första gången

när ditt leende mötte mina läppar.

Det var till tonerna av Thåström,

Lykke Li och Håkan Hellström

under en klarblå augustihimmel

i det vackraste Göteborg

jag någonsin har sett.

Det var med hjärtan som bultade i

takt med varandra och musiken

och de tusentals människor som

befann sig i publiken

försvann med ens

som i ett trollslag.

För det enda som överhuvudtaget

spelade någon roll

var du

och jag

och våra läppar.

Ditt skratt

letar sig in

i mitt inre

och lägger sig tillrätta

mellan sprickorna

Och jag tror att vi på allvar möts

bland sprickorna i vår fasad

Varje gång jag blundar

och vänder mig från dig

så hoppas jag i hemlighet

att du försiktigt ser på mig

En blick säger mer än tusen ord

och vid det här laget

har du skrivit mig miljontals böcker

Kanske är det bara jag

som inbillar mig

men det känns som att det kan

finnas något här

som inte finns

någon annanstans

Du var mitt röda piller
i en värld som hjärntvättat mig
till att tro att jag behövde
vara någon annan
än jag är.

Du lät mig rulla fram
likt vågorna mot stranden
och omsluta dig, dränka dig
med mina fel och brister
men ändå sa du inget annat
än att jag svalkade din hud.

Du påminde mig konstant
om att den viktigaste i livet
är en själv
så när du och jag blev vi
lät du mig ändå vara jag.

Korsa mina gränser

bryt mina barriärer

rasera mina murar

ta dig in dit du egentligen

inte får vara

och jag lovar

att jag ska göra ett halvhjärtat försök

att stoppa dig

Om jag ska vara din

får du bara acceptera

att vissa delar av oss

kommer att bli till poesi

För du får mig att vilja skriva

allt jag inte

vågar säga

Det jag trodde skulle resultera

i ett evigt mörker

blev istället

till mitt ljus i tunneln

Kära systrar – tvivla aldrig.

Det finns tillräckligt med kämpaglöd

inom varenda en av oss

för att förvandla hela världen

till ett askfat.

Och skärselden

är blott en gnista

i jämförelse med

ett brinnande

tonårshjärta

Vem hade egentligen trott

att vi skulle hamna

där vi är idag?

I alla fall inte du

och garanterat inte jag.